# Casas

Fabiola Sepulveda

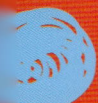

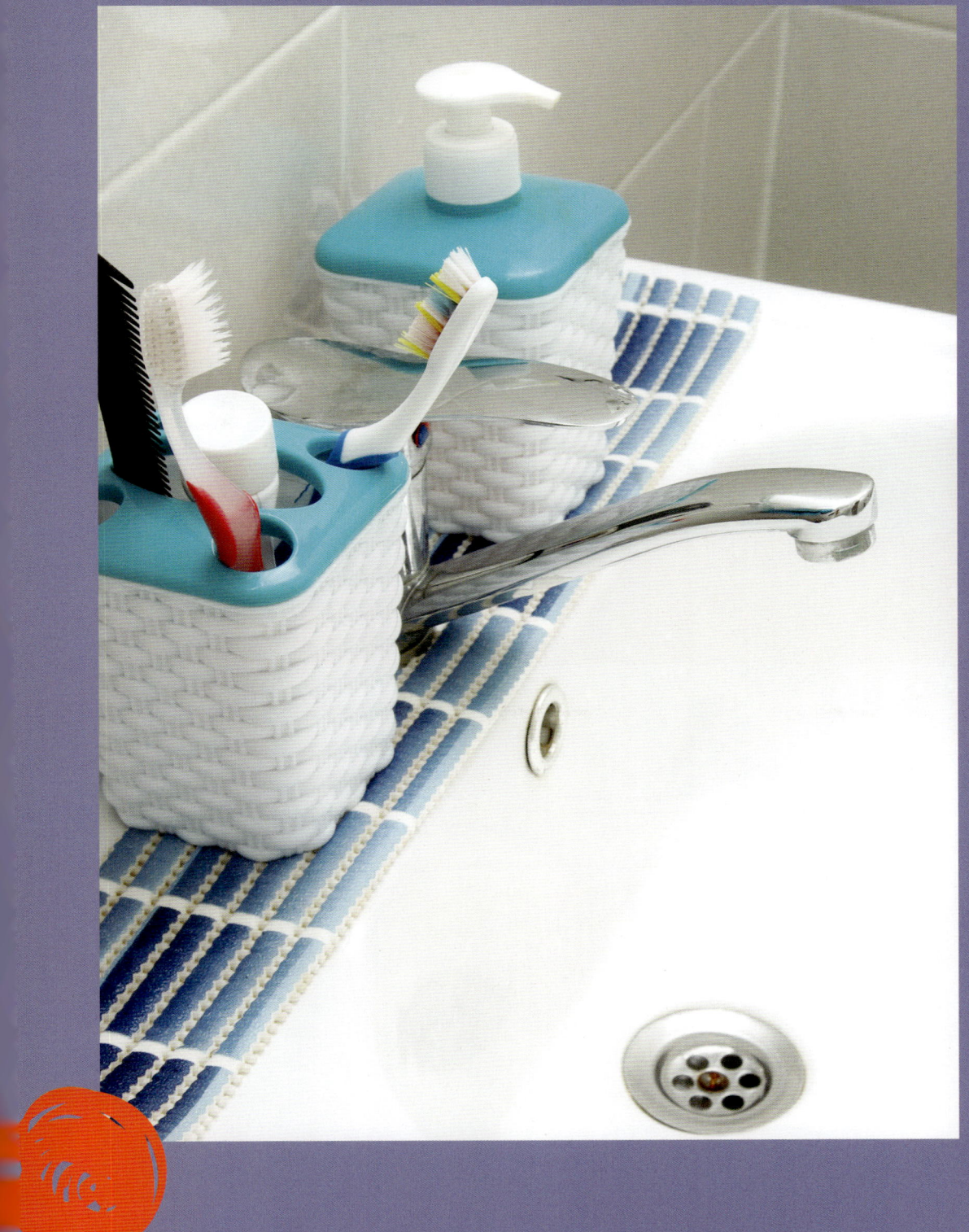

# Notas para los adultos

Este libro sin palabras ofrece una valiosa experiencia de lectura compartida a los niños que aún no saben leer palabras o que están empezando a aprender a leer. Los niños pueden mirar las páginas para obtener información a partir de lo que ven y también pueden sugerir textos posibles para contar la historia.

# Para ampliar esta experiencia de lectura, realice una o más de las siguientes actividades:

Converse con el niño acerca de lo que significa su casa para ustedes.

Al mirar las imágenes y contar la historia, introduzca elementos de vocabulario, como las siguientes palabras:

- armario
- baño
- buzón
- cama
- casa

- cocina
- fregadero
- huerto
- mesa
- patio

- puerta
- recámara
- silla
- ventana

Hablen sobre los diferentes tipos de casas que existen. En un diccionario en línea, busquen sinónimos de la palabra *casa*.

Después de mirar las imágenes, vuelvan al libro una y otra vez. Volver a leer es una excelente herramienta para desarrollar destrezas de lectoescritura.

Pídale al niño que dibuje lo que más le gusta de su casa.

**Asesora**

Cynthia Malo, M.A.Ed.

**Créditos de publicación**

Rachelle Cracchiolo, M.S.Ed., *Editora comercial*
Emily R. Smith, M.A.Ed., *Vicepresidenta superior de desarrollo de contenido*
Véronique Bos, *Vicepresidenta de desarrollo creativo*
Dona Herweck Rice, *Gerenta general de contenido*
Caroline Gasca, M.S.Ed., *Gerenta general de contenido*

**Créditos de imágenes:** todas las imágenes cortesía de iStock y/o Shutterstock

**Library of Congress Cataloging-in-Publication Data**
Names: Sepulveda, Fabiola, author.
Title: Casas / Fabiola Sepulveda.
Other titles: Home. Spanish
Description: Huntington Beach : TCM, Teacher Created Materials, [2024] |
   Translation of: Home. | Audience: Ages 3-9 | Summary: "Many things make
   a home. Doors, windows, and furniture are some of those things. What
   makes a home for you?"-- Provided by publisher.
Identifiers: LCCN 2024027020 (print) | LCCN 2024027021 (ebook) | ISBN
   9798765961766 (paperback) | ISBN 9798765966715 (ebook)
Subjects: LCSH: Dwellings--Juvenile literature.
Classification: LCC TH4811.5 .S4718 2024  (print) | LCC TH4811.5  (ebook) |
   DDC 643/.1--dc23/eng/20240710

Teacher Created Materials

5482 Argosy Avenue
Huntington Beach, CA 92649
**www.tcmpub.com**
ISBN 979-8-7659-6176-6
© 2025 Teacher Created Materials, Inc.
Printed by: 926. Printed in: Malaysia. PO#: PO13820